BEI GRIN MACHT SICH IHR WISSEN BEZAHLT

AF145510

- Wir veröffentlichen Ihre Hausarbeit, Bachelor- und Masterarbeit

- Ihr eigenes eBook und Buch - weltweit in allen wichtigen Shops

- Verdienen Sie an jedem Verkauf

Jetzt bei www.GRIN.com hochladen
und kostenlos publizieren

Bibliografische Information der Deutschen Nationalbibliothek:

Die Deutsche Bibliothek verzeichnet diese Publikation in der Deutschen National-
bibliografie; detaillierte bibliografische Daten sind im Internet über http://dnb.d-
nb.de/ abrufbar.

Impressum:

Copyright © 2016 GRIN Verlag, Open Publishing GmbH
Druck und Bindung: Books on Demand GmbH, Norderstedt Germany
ISBN: 978-3-668-17774-1

Dieses Buch bei GRIN:

http://www.grin.com/de/e-book/318358/das-jahrhundertereignis-der-deutschen-
wiedervereinigung

Mike G.

Das Jahrhundertereignis der deutschen Wiedervereinigung

Ein Überblick in Stichpunkten

GRIN Verlag

GRIN - Your knowledge has value

Der GRIN Verlag publiziert seit 1998 wissenschaftliche Arbeiten von Studenten, Hochschullehrern und anderen Akademikern als eBook und gedrucktes Buch. Die Verlagswebsite www.grin.com ist die ideale Plattform zur Veröffentlichung von Hausarbeiten, Abschlussarbeiten, wissenschaftlichen Aufsätzen, Dissertationen und Fachbüchern.

Besuchen Sie uns im Internet:

http://www.grin.com/

http://www.facebook.com/grincom

http://www.twitter.com/grin_com

Die deutsche Wiedervereinigung[1]

Vorwort

Nachdem es seit über 40 Jahren zwei Staaten auf deutschem Boden gab, kam es im Epochenjahr 1989 zum langersehnten Ereignis: Der Wiedervereinigung. Die Menschen strömten auf die Straßen in West-Berlin und feierten bis spät in die Nacht hinein. Diese Arbeit befasst sich mit dem spannenden Thema der Wiedervereinigung. Chronologisch werden die einzelnen Ereignisse, aber auch Hintergrundinformationen und Rückblicke auf dieses Ereignis geschildert, aufgeführt und detailreich erläutert. Der Zerfall der DDR sowie die Widerstandsgruppen / -formen werden dabei zum Verständnis halber erwähnt, bevor es mit den sich überschlagenden Ereignissen beginnt, welche letztlich zur Öffnung der Mauer am 9. November und der Wiedervereinigung am 3. Oktober führten. Dazu werden die Ereignisse mit Zusammenfassungen zeitgenössischer Quellenmaterialen unterstreicht, welche aus Gründen der Übersichtlichkeit gelb hinterlegt worden sind. Die vollständigen Texte (bzw. Auszüge) finden sich in beiden Bänden „Zeiten und Menschen" des Schöningh Verlages im Westermann (ISBN Band 1: 978-3140249706; Band 2: 978-3140249713). Die (zwei- bis dreistellige) Zahl neben jeder Überschrift steht für die Seitenzahl im Buch, der Buchstabe M, welcher von einer Zahl gefolgt wird, gibt die Quellenmarkierung im Buch wider. Am Ende dieser stichwortartigen Auflistung und Erklärung findet sich ein selbstverfasster Informationstext, welcher die relevantesten Ereignisse thematisch (nicht länger chronologisch) aufgreift und wiedergibt. Weiterhin findet sich ein Überblicksblatt zum Schluss dieser Arbeit, welches ausgedruckt und ausgehangen werden kann um für Klausuren oder Prüfungen zu lernen.

- **Hintergrundwissen:**
- **(1) Menschenrechte im Ostblock (im Vergleich zum dritten Reich).**
- **Adolf Hitler „Mein Kampf" bezüglich der „Grundrechte" (283/M1).[2]**
- Politische Weltauffassung ist, dass der Staat schöpferische und kulturbildende Kräfte besitze, aber keine rassischen Voraussetzungen benötige.
  - In völkischer Weltanschauung hat der Staat nur die Aufgabe das rassische Dasein der Menschen zu erhalten.
    - Kennt keine Gleichheit, diese Erkenntnis fördert das Überleben des Stärkeren und die Unterordnung des Schwächeren.
    => Huldigung des aristokratischen Gedankenguts der Natur.
- Minderwertige Ethnien dürfen nur überleben, wenn durch deren Existenz nicht das Leben der höherwertigen Ethnien gefährdet wird.
- In einer verbarbarisierten, vernegerten Welt vergehen alle Begriffe des menschlichen Schönen und Erhabenen sowie der Vorstellung einer idealisierten Zukunft.
  => Aufgabe des Staates ist der Verbastardisierung der Welt Einhalt zu gebieten.
- Heutige Generation von notorischen Schwächlingen wird Bruch mit heiligsten Menschenrechten bejammern.
  => Einziges heiliges Menschenrecht und dadurch heiligste Verpflichtung ist die Reinhaltung und Bewahrung des besten Menschentums, wodurch die Möglichkeit einer besseren Entwicklung dieser Wesen besteht.
- **Grundrechte im DDR-Sozialismus (284/M2a).**
  - *Kommentar der Justiz auf 1968 erhaltende Verfassung der DDR.*
- Verfassungskonzeption wendet sich gegen staatsfreie Sphäre, die durch Bürgerrechte gesichert werden soll.
- Sozialismus bedeutet alle Macht den Arbeitern zu übertragen, darum ist es sinnlos Menschen

---

1 Bildquelle: http://www.fishermansfriend.com/media/1733271/FF_Wiedervereinigung_800x460_03.jpg
2 Online wiederzufinden unter https://archive.org/stream/Mein-Kampf2/HitlerAdolf-MeinKampf-Band1Und2855.Auflage1943818S._djvu.txt ab „Völkische Einstellung auf Rasse und Persönlichkeit 421" aufgerufen im März 2016

vor der Macht zu schützen.

- Verwirklichung von Grundrechten lässt Glieder der sozialistischen Menschengemeinschaft bewusster handeln.
- Dies ist in der Verfassung verankert und keine Weiterentwicklung der bürgerlichen Grundrechte.
  - Soziale Grundrechte erwachsen aus gesellschaftlichen Verhältnissen des Sozialismus.
  => Nur soziale Grundrechte schaffen Freiheit vor Unterdrückung, Ausbeutung und wirtschaftlicher Abhängigkeit.
- Diese Freiheiten sind nur durch soziale Gesellschaft ohne Privatbesitz der Produktionsmittel möglich.
- Voraussetzungen für Freiheits- und Persönlichkeitsentfaltung der Bürger, Gleichheit der Grundrechte, soziale Qualität und Sicherung der Rechte.
- Einschränkungen der Grundrechte liegen nur im Interesse der Bürger.
- Meinungsfreiheit soll konstruktiv nach Lösungen für die staatlichen und gesellschaftlichen Probleme suchen, nicht um den Aufbau des Sozialismus zu schädigen.
- **Folgen der Grundrechte in der DDR (284/M2b).**
- *Auszug der Erklärung tschechoslowakischer Bürgerrechtler vom 1. Januar 1977.*
- Meinungsfreiheit wird vom Staat unterdrückt.
- Keine politische, wissenschaftliche, künstlerische oder philosophische Ansicht, welche nur geringfügig vom Rahmen abweicht, wird veröffentlicht.
- Kritik an den Krisenerscheinungen oder der Propaganda zu üben ist unmöglich.
- Rechte werden zur Unterdrückung der Menschen ausgelegt / missbraucht.
- Alle Organisationen und Institutionen sind staatlicher Einheitspartei oder machthaberischen Beschlüssen einflussreicher Einzelpersonen untergeordnet.
- **Frühjahr 1978 Prozess gegen Bürgerrechtler zeigt den Umgang mit Menschenrechten in der Sowjetunion (285/M3).**
- Freunde des angeklagten Juri Orlov, ausländische Korrespondenten und ausländische Botschafter werden durch Absperrungen und Milizstreifen vom Verhandlungsgebäude ferngehalten.
- Orlovs Frau und Kinder werden unter grober physischer Gewalt auf Tonbandgeräten vor diesem formal öffentlichen Prozess verhört.
- (Pflicht-)Verteidiger wurde während den Verhandlungen auch von KGB-Leuten gewaltsam ins Nebenzimmer gesperrt.
- Am letzten Verhandlungstag gab es Handgreiflichkeiten, da man verlangte an der Urteilsverkündung anwesend sein zu dürfen.
- Demonstranten wurden – ungeachtet ihres Geschlechtes – von KGB-Leuten in Transporter gezerrt und misshandelt.
  - Nach kurzer Zeit frei gelassen worden, aber wegen rowdyhaften Ausrufen mit Geldstrafen belegt worden.
- **(2) 4 Formen der Opposition/Widerstandes in DDR.**
- **(1) „Weggehen-Wollen".**
  - **Ausreisewellen 1953, 1961, 1989** wegen Unzufriedenheit mit Lebensverhältnissen.
  - Ausreiseanträge bzw. Anträge zur Entlassung der Staatsbürgerschaft eingereicht.
  - **„Republikflucht"** über Grenze oder Ostsee oft tödlich.
- **(2) Opposition im Rahmen der christlichen Kirche.**
  - Zurückhaltung in politischen Fragen brachte evangelischer Kirche relative Eigenständigkeit.
  - **1970er** Umwelt-, Friedens- und Menschenrechtsgruppen versammeln sich unter dem Dach der Kirche.
  => Kirchengemeinden werden Kristallisationspunkt der Opposition.
- **(3) Politische Oppositionsgruppen (Künstler, Intellektuelle).**

- Repression verhindert aktive Einflussnahme, **kulturelle Liberalisierung 1971** und **KSZE 1975** provozieren politischen Widerspruch → Kirchliche und politische Opposition versuchten „freiheitlichen Sozialismus" durchzusetzen, wollten nicht völlig zum Kapitalismus übergehen.
  => **1979 politisches Strafrecht verschärft** worden, offener Protest wurde hart bestraft.
- **(4) Reformkräfte innerhalb der SED.**
  - Junge Idealisten orientieren sich an Marxismus, stören sich an davon abweichenden Realitäten der DDR.
  - **Nach 1985** konnte man verstärkt protestieren, wegen Gorbatschows Reformkurs und Widersprüchen in Staats- und Parteiführung => Opposition verstärkt sich in den letzten Jahren der DDR.

- **7. Mai 1989 Kommunalwahlen in DDR.**
- 99% Zustimmung vermeldet obwohl viele aus Trotz dagegen gestimmt haben.
  => Kirchengemeinden und Oppositionelle zeigen zuständige Behörden an.
- **3. - 4. Juni 1989 Massaker auf Pekinger „Platz des himmlischen Friedens".**
- Oppositionelle Bürgerbewegung in China brutal niedergeschlagen.
- **„Chinesische Lösung"** in kommunistischen Ländern, besonders der DDR, intensiv gelobt.
  - Einschüchterung der Opposition, da DDR auch für solche Methoden offen zu sein schien.
- **25. / 26 Juni 1989 Chefredakteur kritisiert ausreisewillige Montagsdemonstrantin (M10).**
- Stellt positive Aspekte der DDR in Fokus (Shopping-Passagen, Kino, Baby Jahr).
- Wertet Opposition ab, störe öffentliche Ordnung, beeinträchtige Ruhe und Sicherheit der Bürger.
- Demonstranten genießen die Vorzüge der DDR und wollen diese dann mit Füßen treten.
  => Demonstrantin A. K. Bekam gewünschte Ausbildungsstelle, Arbeitsplatz, Baby-Jahr und finanzielle Unterstützung als Kinder krank waren und ist nicht dankbar.
- Abwertung der BRD, welche kein Umsorgtsein, Fürsorglichkeit und soziale Geborgenheit wie die DDR besitzt.
- Demonstranten verketzern und beleidigen Heimatland.
  => Folgen des provokanten Verhaltens haben Oppositionelle selbst zu verantworten.
  => Frau wird öffentlich an den Pranger gestellt.
  => Anonyme Masse erhält ein Gesicht.
  => Artikel im erzieherischem Ziel gehalten.
- **Juni 1989** Parlamentsahlen werden abgehalten, Polen wird demokratisiert.
- Neues Parlament wurde angehalten eine demokratische Verfassung mit fairem Wahlgesetz auszuarbeiten.
- **Juli 1989** Polen und der Vatikan nehmen diplomatische Kontakte auf und pflegen seitdem enge diplomatische Kontakte.
- **Sommer 1989** DDR Bürger besetzen Ständische Vertretung und Botschaften in Prag, Budapest und Warschau.
- UNO erlaubt Genscher Ausreise der Botschaftsflüchtlinge zu bewerkstelligen.
  - Massenkonvois wurden von DDR militärisch abgesichert, damit kein DDR-Bürger auf die Züge aufspringt.
- **Gründe für die Ständige Ausreise (AB/M7).**
- Sture Ablehnung aller Ausreiseanträge von staatlichen Behörden.
- Wunsch nach Veränderung in eigener (bereits guten) Lebenssituation.
- Materielle Wünsche.
  => Unzufriedenheit wegen „Langeweile" im (guten) Leben.
- Fleiß und harte Arbeit verschaffen nicht alle gewünschten Waren (Westgüter).
- Beginn der Annäherung an oppositionelle Gruppen um eher Ausreise zu erlangen.

=> Erschreckende Informationen über Umweltschäden, Städteverfall und Gesundheitswesen.
→ Wollten zwar Veränderung, aber Ausreise war wichtiger.
- **19. August 1989 Paneuropäisches Picknick.**
- Österreichischer und ungarischer Ministerpräsident laden zu politischen Picknick in Grenznähe ein.
- Legale Öffnung der Grenzen für 3 Stunden, über 600 DDR-Bürger nutzen Chance zur Flucht.
- Schießbefehl galt noch, aber Soldaten entscheiden sich eigenmächtig ruhig zu bleiben.
→ Eskalation verhindert.
- **Ab 9. September Leipziger „Montagsdemonstrationen"** nach Friedensgebet in Nikolai-Kirche.
- **Nacht vom 10. zum 11. September 1989 Österreich öffnet Grenzen.**
- Viele DDR-Bürger fliehen über Ungarn in den Westen.
=> DDR verhängt Ausreiseverbote in sozialistische Nachbarländer.
- **12. September 1989 Bürgerbewegung „Demokratie Jetzt".**
- **19. September 1989 „Neues Forum"** beantragt Zulassung als politische Organisation.
→ Opposition will keine politischen Ziele ausbreiten, sondern Meinungsfreiheit ausweiten.
=> Staat lehnt oppositionelle Anträge ab, aber Opposition bekommt Zulauf.
- **Oktober 1989 „Schürer-Gutachten":** DDR bewegt sich auf wirtschaftlichen und finanziellen Kollaps zu.
- **7. Oktober 1989** 40. Jahrestag der DDR mit Repression durchgesetzt.
- Oppositionelle verhaftet, Demonstrationen gewaltsam aufgelöst.
  - Stasi soll feindlich-negative Maßnahmen gründlich und vorsorglich unterbinden.
- Prunkvolle Militärparade dargeboten, Prostest der Westmächte, da Berlin als entmilitarisiert gilt.
- Gorbatschow besucht DDR und fordert (politische) Reformen.
  - Übersetzer formuliert zugespitzt: *„Wer zu spät kommt, den bestraft das Leben"*, was Opposition SED intensiv vorhält.
- Rumänischer Diktator und Honecker beraten über Grenzdurchlässigkeit.
- In einem Pfarrhaus wurde erste demokratische Partei der DDR gegründet.
- **9. Oktober 1989 Montagsdemonstration** in Leipzig mit 90.000 Menschen.
- Honecker befiehlt konterrevolutionäre Demonstration mit aller Waffengewalt niederzuwerfen.
- Kinder und Jugendliche mussten um 15 Uhr aus der Schule abgeholt werden.
- Krankenhäuser bereiteten sich auf viele Verletzte vor.
- Bereitschaftspolizei rückt schwer bewaffnet an.
=> **„Letzter Tag der DDR"** denn wegen friedlichen Ablauf hat Opposition Demonstrationsrecht durchgesetzt.
- **14. Oktober 1989 2. Treffen des Neuen Forums** berät über Struktur der „Partei" und Haltung zur Ausreisewelle.
- **Neues Forum** bekommt schnellen Zuwachs, versteht sich als Kristallisationspunkt aller Oppositionsbewegungen.
- **„Graswurzelprinzip":** Egal wie oft man den Rasen auch abmäht, er kommt wieder und breitet sich aus.
- „Demokratie Jetzt" veröffentlicht eigene, freie Zeitung.
→ Stasi kann Masse an Opposition nicht verfolgen, beschränkt sich auf Beobachtung.
- **18. Oktober 1989 Egon Krenz ersetzt Honecker als Oberhaupt der DDR.**
- Mit Krankheit und Operationen begründet, schlägt Krenz (gilt als Hardliner) vor.
→ Wegen Reformunfähigkeit musste Honecker zurücktreten, Repression keine gute Lösung.
- Herrmann (Pressesprecher) und Mittag (Wirtschaftsminister) treten auch zurück.
=> Krenz nicht im Volk gewollt, hat **Massaker am Tian-anmen Platz** befürwortet.
- Kohl erhofft sich Lockerung der SED-Führung und überfällige Reformen.

- Krenz will politische / kulturelle Offensive und Wende hervorbringen.
- **24. Oktober 1989 Honecker aus allen staatlichen Verpflichtungen entlassen.**
- SED – Mitglieder sprechen sich gegen Krenz als <u>Vorsitzenden</u> <u>des</u> <u>Staatsrates</u> und des <u>Nationalen</u> <u>Verteidigungsrates</u> aus.
- Krenz bedauert Gewalteinsätze bei Demonstrationen und bietet Rechtsschutz an.
- Künstler, Oppositionelle und Schriftsteller der DDR diskutieren offen über Verbesserungsvorschläge.
- Kritik an Ausreisewelle genommen, Wandeln innerhalb der DDR muss provoziert werden.
- Keine Schuldeingeständnisse, Vertrauen soll wieder aufgebaut werden.
  => DDR-weite Dialogwelle startet.
- **3. November 1989 TV- und Rundfunkansprache Krenz' über politische Reformen (M8).**
- Politische Wende eingeleitet, um Sozialismus lebenswerter zu gestalten.
- Kann Unruhen und Besorgnis nachvollziehen und wird es angehen.
- Betont die Vorzüge der DDR und lobt Errungenschaften der Bürger.
- **Ziel der Politik: Reform der DDR.**
- <u>Gesellschaftliche</u> <u>Modernisierung</u>: volle Souveränität des Volkes, freie Entfaltung, demokratische Teilnahme, reiche politische Kultur, wahrheitsgetreue und umfassende Information, Dialog, Meinungsvielfalt und Dialog.
- <u>Politische</u> <u>Modernisierung</u>:Verwaltungsreform, Verfassungsgericht einführen, Vereinigungsgesetz, Rechtsstaatlichkeit ausbessern sowie SED liberalisieren.
  → Verhüllte Drohung an die Opposition.
- Betont häufig, dass auf Willen des Volkes eingegangen wird.
- Appell zum Schluss: Bürger sollen in DDR bleiben und neuer Politik vertrauen.
- Möglichkeit der Ausreise über DDR-Behörden sei einfacher als über ungarische Grenzen.
- **3. November 1989 Westdeutsches Kamerateam darf ohne staatliche Überwachung in DDR filmen.**
- Interview mit Schülern zeigt Repression der Lehrer.
- Wohlbefinden erst möglich, wenn freier Dialog die **„Acht-Stunden – Ideologie"** beendet.
- Sympathie in BRD über Flüchtlinge liegt bei 90%.
- Frankreich spricht sich für deutsche Wiedervereinigung aus.
- Zitat Krenz: *„Es ist wichtig, dass jeder weiß, wo er hin gehört!"*.
- **4. November 1989 CSSR öffnet die Grenzen.**
- DDR – Bürger dürfen bereits mit Personalausweis ausreisen.
- **Massendemonstration** in Berlin mit 500.000 Menschen.
- Gründe für das Ausbleiben der **„chinesischen Lösung"**.
- Diszipliniertes Verhalten der Demonstranten.
- Gemäßigte Kräfte in SED, welche Oberhand gewinnen und Dialog statt Gewalt umsetzen.
- Keine Unterstützung sowjetischer Truppen zu erwarten gewesen.
- Fluchtbewegung und Demonstrationen (Reformierung der DDR) verstärken sich gegenseitig.
  => Alltag wird chaotisch, weil z.B. viele Ärzte fliehen.
- **6. November 1989 Westdeutsche Probleme mit der Flüchtlingsbewältigung.**
- 23.200 Flüchtlinge kommen an einem Tag in Deutschland an.
  - Bundeswehr bringt die Flüchtlinge unter, DDR Bürger fühlen sich sicher und geborgen.
  - Bürgermeister legitimiert Flüchtlingshilfe damit, dass DDR-Bürger für Nazi-Verbrechen härter gelitten haben als Westdeutsche.
    → Flüchtlingskapazitäten der Bundesrepublik sind aufgebraucht.
- **Reisereformgesetz** veröffentlicht, vom Volk als unsinnig erkannt (Nur 30 Tage Urlaub im Jahr, Kein Geld mitnehmen).
- Diskussionsveranstaltungen mit kommunalen Oberhäuptern werden abgehalten.
- Im Fernsehen läuft die Sendung „KlarText", welche sich kritisch mit DDR auseinandersetzt

- (baulicher Verfall Leipzigs).
- **7. November 1989 Westdeutsche Probleme mit den Flüchtlingen.**
- Bürokratischer Aufwand sprengt alle Register, Bayern schafft es nicht alle Flüchtlinge zu verteilen.
- Unmut in Bevölkerung gegen die Flüchtlinge wächst, Großteil aber dafür.
- Neues **Ausreisegesetz** wird vom Rechtsausschuss der DDR abgelehnt.
- **8. November 1989 10. Parteitag der SED.**
- 100.000 Mitglieder der Partei sind ausgetreten, Reformmaßnahmen werden diskutiert.
  → Neues Forum wird als politische Partei zugelassen.
- Gewerkschaftsbund will sich von Partei lösen und unabhängig sein.
- Produktionsvorgaben sind nicht ausreichend, keinen Plan für Wirtschaft ausgehändigt.
- Viele qualifizierte Arbeiter (besonders Ärzte) fliehen; Gesundheitswesen wird von Volksarmee unterstützt.
- Zeitgenossen erkennen, dass ein Wandel passieren wird.
- Christa Wolf wendet sich in TV-Appell an alle Flüchtlinge in DDR zu bleiben.
- Westberliner Bürgermeister spricht davon, dass die Tage der Mauer gezählt sind.
- **9. November 1989 Öffnung der Mauer.**
- Mauer wird immer noch stark bewacht, Ausreise nur für Senioren, Invalide und Verwandte erlaubt.
- Schabowski verliest Reformen der DDR, darunter um **18:58** Uhr auch <u>**Öffnung der Mauer**</u>.
  - Auf Nachfragen hin wird deutlich, dass Schabowski nicht weiß, was er vor ließt.
    - Öffnung der Mauer hätte erst am **10. November** in Kraft treten sollen.
  - Reaktionen eher zurückhaltend, Kohl ruft zum Abwarten auf.
  - Als bekannt wurde, dass Grenze offen war, strömten Massen von DDR-Bürger in den Westen.
- **Massenflucht nach Maueröffnung.**
- 2000 DDR-BürgerInnen fliehen täglich wegen der ökonomischen Talfahrt und zunehmender Unregierbarkeit in den Westen.
  => Volk drängt auf Wiedervereinigung.
- Nach **friedlicher Revolution** wurden schlagartig alle staatlichen Geheimnisse der DDR nach außen gekehrt.
  → Jedoch sehr einseitig und ideologisch geprägt.
- Nach Mauerfall wurden Massen an Überwachungsmaterial sichergestellt.
  - Auf Antrag kann man seine Akte einsehen.
  - Viele Freunde, Verwandte etc. als inoffizielle Mitglieder der MfS entlarvt.
  => Ende der DDR.
- Zusammenbruch des SED – Regimes traf Welt (besonders BRD) unvorbereitet.
- Frage nach Zukunft wurde heftig diskutiert, da keine historischen Beispiele vorhanden.
- **9. November 1989** Kundgebung bedeutender Politiker in Westberlin.
  - Brandt: *„Jetzt wächst zusammen, was zusammen gehört".*
- Kohl versichert Beistand und Unterstützung.
  → Deutsche Einheit auf politische Tagesordnung gesetzt.
- **10. November 1989 Zerfall des SED-Regimes.**
- Mauer wird von außen abgebaut und zerlegt.
- Am Morgen werden Grenzpasskontrollen als dauerhafter Weg der Ausreise eingeführt.
- Runder Tisch soll Regierungsvertreter und Oppositionsgruppen nach polnischem Vorbild aneinander bringen.
- Bush steht Mauerfall abwartend-kritisch gegenüber, UdSSR freut sich über *„Grenzverschiebung".*
- BRD verteilt einmalig 100Mark Begrüßungsgeld an DDR-Bürger.
- Lässt Fernverkehr deutlich länger fahren, kostenlose Nutzung für alle DDR-Bürger.

- **13. November 1989** Hans Modrow als Ministerpräsident der DDR „gewählt".
- **17. November 1989** Modrow kündigt Reformprogramm an.

Modrows Doppelstrategie	
DDR liberalisieren.	SED erhalten.

- **17. November 1989 Modrows Idee einer Vertragsgemeinschaft (M13).**[3]
- 7. Oktober 1989 Volk hat seinen Willen für Veränderung ausreichend Nachdruck verliehen.
- Maueröffnung durch DDR war weltweit unterstützte Leistung.
- Selbstbestimmungsprozess des DDR-Volkes hat begonnen, Staatslegitimation der DDR wird erneuert (vom sozialistischem zum souveränen, deutschen Staat).
- Fordert kooperative Koexistenz und Zusammenarbeit in allen Bereichen.
- Ist gegen Wiedervereinigung (sieht sie als gefährlich an).
  → Regierung ist gesprächsbereit für Vertragsgemeinschaft zum Wohle der europäischen Gemeinschaft.
- **17. November 1989** Stasi in „Amt für Nationale Sicherheit („Nasi")" umbenannt.
- Modrow geht Korruption und Amtsmissbrauch nicht an.
- BRD wollte keine unüberlegten Schritte tätigen, da Konfliktpotenzial hoch war.
- Kohl spricht von *Zusammenhalt* und *Einheit*, aber nicht von *Unterstützung*.
- **18. November 1989 Neue Koalitionsregierung in der DDR.**
- Besitzt keine demokratische Legitimation, Oppositionsgruppen fehlen, wurde nicht vereidigt.
- Verkehrschaos wegen der Grenzöffnung.
- BRD Presse deckt auf, dass SED Protzbauten für eigene Mitglieder organisierte.
- Generalstaatsanwalt übernimmt Verantwortung für Gewalteinsatz bei Protesten.
  → Keinerlei Konsequenzen.
- **Erste offizielle Kundgebung des „Neuen Forums".**
- Krenz und Schabowski für SED-Verbrechen verantwortlich gemacht.
- „Dritter Weg" vorgestellt worden, gereinigte Form des Sozialismus gefordert.
- **28. November 1989 „Zehn-Punkte-Plan".**
- Umgang der BRD mit der DDR zur „*Wiedererlangung der staatlichen Einheit Deutschlands*".
- Sofortmaßnahmen (1.-3.) und Annäherung sollen Weg zur Einheit sichern.
- **28. November 1989 Kohls „Zehn-Punkte – Plan" zur Wiederherstellung der deutschen Einheit (M14).**[4]
- Wiedervereinigung ist langwieriger Prozess, einzelne zielführende Etappen werden nun aufgestellt.
  - 1. Humanitäre Hilfen für DDR wegen Fluchtbewegungsengpässen.
    → Ausbluten der DDR verhindern.
  - 2. Wirtschaftliche, wissenschaftlich-technische und kulturelle Zusammenarbeit und Intensivierung des Umweltschutzes.
    → Wirtschaftlicher Aufbau in DDR fördern.
  - 3. Zusammenarbeit mit DDR, wenn sie demokratischer wird (Einbinden der Opposition, neues Wahlgesetz, neue Verfassung).
    → Demokratisierung der DDR vorantreiben.

---

3 Online wiederzufinden unter http://www.glasnost.de/hist/ddr/89regerkl.html aufgerufen im März 2016
4 Online wiederzufinden unter
   http://webarchiv.bundestag.de/archive/2009/0109/geschichte/parlhist/dokumente/dok09.html aufgerufen im März 2016

- 4. Vertragliche Zusammenarbeit in allen Bereichen soll gesichert werden.
- 5. Deutsche Konföderation soll entstehen.
- 6. Rücksichtnahme auf Ost-West – Beziehungen.
- 7. Übernahme der westlichen Marktwirtschaft in DDR.
- 8. Auf KSZE-Schlussakte beziehen und orientieren.
- 9. Abrüstung und Rüstungskontrolle.
- 10. Wiedervereinigung nach Selbstbestimmungsrecht der Völker.
- Teilung Deutschlands soll kein Anlass für Spannungen sein, soll Atmosphäre des gegenseitigen Vertrauens schaffen und Teilung Europas aufheben.
  => Friede und Freiheit in Deutschland und Europa hängen von (west-)deutscher Initiative ab.
- Breite Zustimmung in BRD, SPD fordert Selbstbestimmungsrecht für DDR-BürgerInnen.
- Diplomatisch unglücklich, dass USA vor und UdSSR erst während Rede von deren Inhalt erfuhren.

Kohls Doppelstrategie	
Ausbluten der DDR durch Schaffung von Perspektiven verhindern.	Wiedervereinigung in 5 – 10 Jahren erreichen.

- **Reaktionen auf „Zehn-Punkte-Plan" im Ausland.**
- Ausland reagierte überwiegend **negativ** auf „Zehn-Punkte – Plan".
- **Gorbatschow** geht Kohls Plan zu weit, Skepsis und Ablehnung der Einheit, Gefahr eines Machtverlustes durch Übergewicht des westlichen Bündnisses.
- **USA** unterstützt Wiedervereinigung, wenn „4 Prinzipien" eingehalten werden.
  1. Selbstbestimmungsrecht der Deutschen.
  2. Mitgliedschaft des neuen Deutschlands in NATO und EG.
  3. Friedlicher, schrittweiser Prozess.
  4. Unantastbarkeit der Grenzen von KSZE – Schlussakte.
- **Frankreich und Großbritannien** fürchten deutsche Konkurrenz, Bevölkerungswachstum (auf 80 Millionen), Gleichgewicht in Europa und deutschen Nationalismus („**Rückkehr zu 1913**").
- **Polen** fürchtet Großmachtstatus Deutschlands und etwaige Gebietsansprüche.
- **Deutsche** kritisieren, dass Kohl internationale Ängste / Spannungen wegen *„nationaler Euphorie"* nicht ausreichend entschärft.
- Ausverkauf der DDR-Identität gefürchtet (Werte + Materielles), Einverleibung befürchtet.
  → Bürgerrechtsbewegung gegen 10-Punkte – Plan, für Sonderweg.
- **Kohls Politik der Beschwichtigung** (Will Ängste des Auslands vor deutscher Einheit nehmen).
- Verweist auf Einbindung in **NATO** und **KSZE – Prozesse** sowie Abrüstung und Rüstungskontrolle.
- Betont zukünftige Rolle Deutschlands als integrierter, friedlicher Partner der EG.
  - Euro ist Zugeständnis an England und Frankreich, soll nationale Interessen Deutschlands verblassen lassen.
- Kohl fördert Vertrauen zur UdSSR und kann Gorbatschow von Wiedervereinigung überzeugen.
  - Übernimmt Lebenshilfe (Lebensmittelversorgung) und finanzielle Entlastung für Veteranen (Häuserbau, Grabmalpflege) um Wohlwollen der Sowjetunion zu erlangen.
  - → Kleinigkeiten im Vergleich zu deutscher Einheit.
- **28. November 1989** Öffentlicher Dialog über Flüchtlingswelle in DDR abgehalten, Statistiken werden veröffentlicht, 3,4 Millionen Flüchtlinge ab 1961 (+3 Mio. bis 1961).
- Blockparteien fordern „runden Tisch" Art. 1 der Verfassung wird gestrichen.
- Wende wird gefordert, nicht nur provisorische Lösungen für Personalengpässe.
- Alte Eliten werden abgesetzt, aber an anderer Stelle wieder eingesetzt.

- Demonstration durch „Bonzenstadt" Parchim, DDR Sozialismus als Kapitalismus angeprangert, neuen Weg gefordert.
- Polnische Demokratisierung, ungarische Grenzöffnung und Parlamentarisierung der CSSR verkleinern sowjetischen Machtbereich in Europa.
  => Wiedervereinigung konnte Situation eskalieren lassen, da UdSSR 500.000 Soldaten in DDR stationiert hatte.
- Rasche Entwicklung und sich überschlagende Ereignisse kennzeichnen den **Übergang zur deutschen Einheit.**
- **Pariser Verträge** machen Siegermächte über Deutschland, also auch über Wiedervereinigung, verantwortlich.
- Kohl und Genscher organisieren Treffen und Telefonate um Angst vor Wiedervereinigung im Ausland zu mildern.
- Bush setzt sich für **Wiedervereinigung** ein und **beschwichtigt UdSSR.**
- Angenommene Angebote des Abrüstens schürt **oppositionelle in KPdSU.**
- **29. November 1989 Flüchtlingsproblem der BRD.**
- Notunterkünfte Westberlins überfüllt, werden auf restliche Bundesländer verteilt.
  → Flüchtlingstransporte zerreißen gesellschaftliche Bindungen und erschüttern Flüchtlinge.
- **1. Dezember 1989** Volkskammer streicht Machtmonopol der SED aus Verfassung.
- Mehrheit will DDR aber als sozialistischen Staat erhalten.
- **2. Dezember 1989** Politbüro und ZK der SED treten geschlossen zurück.
- Als bekannt wurde, dass Nasi Belastungsmaterial vernichtete, wurden Zentralen gestürmt und Material sichergestellt.
- **6. Dezember 1989** Krenz legt sein Amt nieder.
- Bürgerrechtsgruppen wollten Einfluss auf DDR beibehalten und ausweiten, darum wurden „runde Tische" in Bezirken, Kreisen und Städte gebildet.
- **7. Dezember 1989 Erstes Treffen des Runden Tisches in DDR.**
- Anlehnung an polnischen Reformprozess (kommunistisches Regime wird Republik).
- Kirche führt **„alte Eliten"** und Opposition als Nebenregierung zusammen.
- Initiiert Übergang zur Demokratie (freie Wahlen, neue Verfassung, Auflösung des MfS).
  => **„Demokratie Jetzt"** beratschlagt und beeinflusst Modrow intensiv.
  => Politische Eigenständigkeit der DDR aufrecht zu erhalten gewollt.

Vor- und Nachteile der „runden Tische".	
Förderten parlamentarische, demokratische Diskussionskultur.	Waren nicht demokratisch legitimiert. Vertraten nicht ausreichend Frauen. Waren unerfahren in Verwaltungs- und Regierungsaufgaben.

   → Beschäftigten sich zu lange mit Nebensächlichkeiten.
   => Verloren Rückhalt in der Bevölkerung, da Reformen ausblieben.
- **9. Dezember 1989 Umstrukturierung der SED.**
- Möglichkeiten der SED wurden unterschätzt, keine Auflösung gewollt.
- Umbenennung in PDS, Abkehr vom Stalinismus.
- Gysi wird neuer Parteivorsitzende.
  ▪ Schafft ZK und Politbüro ab.
- Neue Grenzübergänge zu langsam geschaffen, DDR-Bürger zerschneiden Zäune.
- Gipfeltreffen zwischen BRD, Frankreich und DDR.
- Ausweitung der KSZE – Schlussakte gefordert.
- Nasibehörde wird angewiesen Rechtsstaatlichkeit notfalls mit Gewalt zu erhalten, Wende zu beenden.

- Demonstrationen gegen den Ausverkauf der DDR werden zunehmend kritisiert.
- In Bundesrepublik beginnt Volk sich gegen Wiedervereinigung zu solidarisieren (SPD; Grüne).
- Nahrungsmittel Care – Pakete aus der Nachkriegszeit zur Ernährung der Flüchtlinge genutzt.
- **10. Dezember 1989 Straßburger EG-Treffen** stimmt Wiedervereinigung gemäß KSZE-Schlussakte zu.
- **16. / 17. Dezember 1989 Sonderparteitag der SED.**
- Umbenennung in PDS (Partei des demokratischen Sozialismus).
- **19. Dezember 1989 „Schlüsselerlebnis" Kohls in Wiedervereinigung.**
- Einigt sich mit Modrow auf Milliardenkredite.
- Rede in DDR offenbarte Einheitswillen des Volkes.
- Umfragen zeigen, dass ¾ der DDR Bürger gegen eine schnelle Wiedervereinigung sind.
  → Kohl stützt sich nun mehr auf das DDR-Volk als auf Modrow.
- Volk wandelt Reformparole *"Wir sind das Volk"* zu Wiedervereinigungsparole *„Wir sind ein Volk"*, da die Mehrheit eine Wiedervereinigung forderte.
- „Begrüßungsgeld" von einmalig 100DM, später einmaliger Wechselkurs 1:1 für 100DM, später 5:1 locken viele DDR-Bürger in den Westen.
  → Sehnsucht nach westlichem Lebensstil wächst.
  => Neben Bürgerrechtsbewegung entsteht Wiedervereinigungsbewegung und erstarkt.
- SPD will Reformen in DDR fördern und unterstützen.
- UdSSR ist gegen Wiedervereinigung, 20 Millionen Menschenopfer haben die DDR als Schutzwall für den Frieden in Europa erschaffen.
  → Nationale Sicherheit anderer Staaten und Frieden Europas gefährdet.
- Kohl will Ängste vor der Wiedervereinigung im Ausland mildern.
- Visafreier Grenzübergang für DDR-Bürger bis Weihnachten von Kohl an Modrow gefordert.
- Modrow reagiert ausweichend auf Wiedervereinigung in Presseansprachen.
- Demonstranten in DDR fordern Währungsreform, drohen mit Ausreise.
- **21. Dezember 1989 Französischer Staatchef Mitterrand besucht die DDR.**
- Frankreich will Wiedervereinigung nicht beeinflussen, lenkt Fokus aber auch innereuropäischen Frieden und Demokratie.
- Wurde über Ängste der DDR aufgeklärt und zum Handeln aufgefordert.
- DDR, BRD und Frankreich diskutieren über Sicherheit Europas.
- Kohl fordert Bundestag zur Bewilligung schneller Hilfen um Ausbluten der DDR zu verhindern.
- Personalengpässe in der DDR schwächen die Wirtschaft.
- Westdeutsche / westliche Konkurrenz zu stark.
- Radio „Audio" (Vorzeigeprodukt der DDR) kann nicht mehr produziert werden.
- Planungskommission hat sich unterschätzt.
- DDR sympathisiert mit rumänischer Befreiungsbewegung.
- Unrecht des Stalinismus wird diskutiert.
- **22. Dezember 1989 Brandenburger Tor wird eröffnet.**
- DDR Gehorsam offenbart sich, fehlende Zuständigkeiten veranlassen Polizeichef sich an westdeutsche Polizisten zu wenden.
- Zivilcourage wird geleistet: Zivilisten bauen die Mauer ab.
  => Straßen und Wege werden parallel gebaut.
- **1989** Gorbatschow vollzieht grundlegenden Systemwechsel und nimmt Ost-West – Konflikt die Systemkonkurrenz.
- **17. Januar 1990** Modrows Vertragsgemeinschaftsentwurf findet kaum Beachtung in Bonn.
- Autorität Modrows im Volk schwankt, darum **Volkskammerwahlen** vorgezogen.

- **Wahlkampf war geprägt von „Ungerechtigkeiten".**
- Westdeutsche Parteien mischen sich in Wahlkampf ein, SED/PDS, Bürgerrechtler und westdeutsche Linksintellektuelle kritisieren dies.
- **Konservative Allianz** wollte Beitritt nach Artikel 23.
  - Kann Wahlkampf mit ehemaligen SED Mitteln finanzieren.
- **SPD** wollte behutsame Wiedervereinigung nach Artikel 146.
  - Finanziert Wahlkampf mittels Spenden der West-SPD.
- **PDS** wollte einen Staatenbund.
  - Kann Wahlkampf mit ehemaligen SED Mitteln finanzieren.
- **Die Grünen** wollten eine stufenweise staatliche Einigung.
  - Können sich keinen teuren, großen, ausgedehnten Wahlkampf leisten.
- **2. Februar 1990 Modrows Wiedervereinigungsplan.**
- Finanzhilfen, militärische Neutralität und kein Einmischen in innere Angelegenheiten.
- Ziel soll „*Deutscher Bund*" oder „*Deutsche Konföderation*" sein.
  - → Kohl lehnt ab, erkennt Modrows Geldgier und will nicht aus NATO austreten.
- Flüchtlingsstrom zur BRD nimmt nicht ab.
- Täglich können über 2000 Flüchtlinge westdeutsche Sozialleistungen beanspruchen.
  - → Deutsches Sozialsystem wird überfordert.
- **6. Februar 1990 BRD** schlägt Verhandlungen für **deutsch-deutschen Staatsvertrag** nach eigenen Konditionen vor.
- SPD und Grüne wollen DDR nicht mit westlichem Gesellschaftsmodell überrollen, Kohl riskiert es.
- **10. Februar 1990** Gorbatschow signalisiert Einverständnis der deutschen Einheit, gibt es aber erst offiziell am **31. Mai 1990** zu, als er amerikanische Garantien bekam.
- **Deutsche Einheit rückt auf internationale Agenda:**
- Druck der Ostdeutschen.
- Verlust der politischen und wirtschaftlichen Stabilität der DDR.
- (System-)Krise der UdSSR.
- Amerikanische Unterstützung.
- Offensives Auftreten einiger westdeutschen Politiker.
- Frage nach zuständigen Personen, welche deutsche Einheit abwickeln sollen.
- Wegen **Potsdamer Konferenz, Außenministerrat** und **Berlinverhandlungen 1970/71** sollten Siegermächte beteiligt werden.
  - → Rechtlich sowieso notwendig gewesen.
- **13. Februar 1990 Abrüstungskonferenz in Ottawa (Kanada).**
- „Zwei-plus-Vier – Konzept" beschlossen.
- **Zukunft der DDR wird heftig diskutiert.**
- **Artikel 23 GG**: Beitritt der DDR in deutschen Geltungsbereich.
- **Artikel 146 GG**: Verfassung vom gesamtdeutschen Volk verabschieden.
  - Übergangsregierung wollte neue Verfassung, damit DDR-Identität nicht völlig verloren geht.
  - Linke Parteien fürchten Verlust moralischer und wirtschaftlicher Werte.
    - Wollen DDR reformieren: freier, gerechter, grüner gestalten.
- **18. März 1990 Erste, freie Volkskammerwahlen der DDR.**
- Übergangsregierung gewährt Volkskammerwahlen gegenüber Verfassungsdebatte Vorrang.
  - => Wahlbeteiligung über 93% **Allianz für Deutschland** (CDU, Demokratischer Aufbruch, DSU (deutsche soziale Union)) gewinnen mit 48%.
- DDR-Volk hat per **Mehrheitsbeschluss für Wiedervereinigung** gestimmt.

- **Schritte zur Stabilisierung der Situation der DDR.**
- Einberufung eines demokratisch legitimierten Parlaments.
- Bürgern sollen ökonomische Perspektiven geboten werden.
- Rechtliche, wirtschaftliche und politische Fragen werden mit dem bundesrepublikanischen System angegangen.
- **19. April 1990 Regierungserklärung von Lothar de Maiziere (DDR) (M15).**[5]
- Volk der DDR hat sich nicht nur als eigenes Volk konstituiert, sondern daraufhin als Teil eines Volkes, dass zusammenwachsen muss.
- Alle politischen Kräfte Europas arbeiten an Wiedervereinigung, DDR soll entscheidend mitbestimmen.
- DDR-Bürger sollen sich nicht als zweitklassige Bundesbürger fühlen müssen.
- → Wiedervereinigung gemäß Artikel 23 des Grundgesetzes in einem Vertrag ausarbeiten.
- Nimmt Angebot des Staatsvertrages der BRD an, DDR soll aber notwendige, rechtliche Voraussetzungen schaffen.
- **1. Juli 1990 Staatsvertrag.**
- Schaffung einer **Wirtschafts-, Währungs- und Sozialunion** zwischen DDR und BRD.
- Soziale Marktwirtschaft und weite Bereiche der Rechtsordnung in DDR übernommen worden.
- **Positionen zur Wiedervereinigung in der Wirtschaft.**
- Kohl legt Fokus auf Wirtschaftswachstum der BRD, Investitionsversprechen und Wiedervereinigungsboom.
- Wirtschaftsexperten fürchten problematischen Zustand der DDR-Wirtschaft.
- **1. Juli 1990 D Mark in DDR eingeführt worden.**
- Banken erachten Wechselkurs 2:1 für sinnvoll.
- Kohl verspricht 1:1 für Löhne, Gehälter, Renten, Stipendien, Mieten, Pachten und Bargeld bis 4000 Mark.
  => DDR verliert finanzielle Souveränität.
- **14. - 16. Juli 1990** Gorbatschow billigt Deutschland volle Souveränität zu.
- **17. Juli 1990 „2+4 Verhandlungen" um polnische Vertreter erweitert.**
- Frage nach deutschen Staatsgrenzen und Anerkennung der Oder-Neiße-Linie.
- → **„Warschauer Pakt" vom 7. Dezember 1970.**
- **31. August 1990 deutsch-deutscher Einigungsvertrag (M16).**[6]
- Dank allen Freiheits- und Bürgerrechtlern.
- Vertrag steht in Kontinuität der deutschen Geschichte, ist Menschenrechten und Frieden verpflichtet und soll demokratische Entwicklung sowie Vertrauen in Europa fördern.
- **Artikel 3 und 8**: Grundgesetz und Bundesrecht gelten in ehemaliger DDR.
- **Artikel 17**: Ausarbeitung von Gesetzen um Opfer des SED-Regimes zu entschädigen.
- **Artikel 23 (1)**: BRD übernimmt DDR's Staatsschulden.
- **Artikel 31 (1)**: Gleichberechtigung der Geschlechter soll weiterentwickelt werden.
- **Anlage III**: Opfer der Enteignungen von 1945 – 1949 können von UdSSR und DDR nicht entschädigt werden, BRD erkennt diesen Tatbestand an.
- **12. September 1990 „Zwei-plus-Vier – Vertrag".**[7]
- Regelt deutsche Staatsgrenzen, Friedensvertrag zwischen Deutschland und den Siegermächten.
- Aspekte zur Herstellung der deutschen Einheit und sicherheitspolitische Aspekte gegenüber den Nachbarstaaten.
  - **Artikel 1:** Festlegung der deutschen Grenzen (vor allem zu Polen).

---

5   Online wiederzufinden unter http://www.kas.de/wf/de/71.4432/ aufgerufen im März 2016
6   Online wiederzufinden unter http://www.gesetze-im-internet.de/wwsuvtr/ aufgerufen im März 2016
7   Online wiederzufinden unter http://www.documentarchiv.de/brd/2p4.html aufgerufen im März 2016

- **Artikel 3**: Bundeswehrkapazität auf 370.000 Mann beschränkt.
- **Artikel 4+5**: Abzug der sowjetischen Truppen aus DDR geregelt.
- **Artikel 6**: Deutschland darf sein Bündnis (Warschauer Pakt oder NATO) frei wählen.
- **Artikel 7**: Völlige Souveränität Deutschlands gewährt (durch Abzug westlicher Soldaten).
   => Ende der Nachkriegszeit; Grundlage der deutschen Einheit; Abschluss der friedlichen Revolution.
- **1. Oktober 1990** Alliierte verzichten auf Ausübung bisheriger Rechte in Deutschland.
- **3. Oktober 1990 Einigungsvertrag ratifiziert.**[8]
- DDR übernimmt beinahe vollständig das Rechtssystem und die Rechtsordnungen.
- BRD übernimmt gesamtes Staatseigentum, Schulden und Verbindlichkeiten der DDR.
- Sozialsystem der BRD nimmt alle DDR-Bürger auf.
   => **Beitritt der DDR-Länder zur Bundesrepublik.**
- In nur 327 Tagen vom Mauerfall bis zur Wiedervereinigung.
   - Schnelle Entwicklung, aber zeitweise fast einen Dritten Weltkrieg riskieren.
- Deutsche Wiedervereinigung war Vorbild für Neugestaltung der Welt nach Kalten Krieg.
- Analyse der Geschichte ist schwierig, da DDR in BRD übergegangen ist und Gedanke aufkommt, BRD habe Konflikt „gewonnen".
- Aufarbeitung auch schwierig, da staatliche Informationsquellen in DDR manipuliert und unvollständig sind.
- In BRD auch staatliche Manipulationsversuche, aber Gesellschaft konnte diese rechtzeitig erkennen.
- Selbst heute sind Auswirkungen der Teilung spürbar.
- Innere Einheit muss wiederaufgebaut werden.
   - Ideologien, Weltbilder, Wirtschaft und Gesellschaft müssen sich nun angleichen.
- **Merkmale der osteuropäischen Revolutionen 1989 / 1990.**
   (1) Legitimitätsverlust der Regime: Wirtschaftliche Ineffizienz und KSZE-Schlussakte entziehen Regierungen die Legitimation.
   (2) Persönlicher Mut und politische Moral: Opposition musste anfangs mit Repression rechnen, darum war persönlicher Mut erforderlich. Mit Doppelmoral wurde wegen Wahlfälschungen, Lügen etc. gebrochen, zeigt sich in Forderungen nach Presse- und Meinungsfreiheit.
   (3) Menschenrechte und Gewaltlosigkeit: Gewaltlosigkeit war bewusste Demonstration der Menschenrechte. Forderung nach Durchsetzung der Menschenrechte in toleranter, offener Gesellschaft.
   (4) Außenpolitische Liberalisierung: Politik „des neuen Denkens" entzog den kommunistischen Regimen sowjetische Unterstützung. Regime wollten Macht erhalten und griffen eher zur Kompromissbereitschaft als zur Repression. Bürgerrechtsbewegungen in den Ostblockstaaten verstärken sich gegenseitig.
   (5) Nationalgefühl und traditionelle Orientierung: Ostblockstaaten werden durch Tradition, DDR durch Nationalgefühl an Bundesrepublik angefacht zu protestieren.
   In DDR speziell zeigte sich eine Bereitschaft zum ideellem Kampf gegen die Unterdrückung. Die wirtschaftliche Talfahrt, Umweltzerstörung, Fluchtwelle und Erfolge bei Demonstrationen bewegen zu Protestbereitschaft.
- Revolutionsbegriff angewendet wegen: radikalem Bruch mit Vergangenheit, bewusster und konsequenter Orientierung an Menschenrechten und bürgerlich-liberalen Normen.
- Revolutionsbegriff fragwürdig wegen: Gewaltlosigkeit, Orientierung an westlicher Gesellschaft und Staatsmodell (keine utopisch-idealen Ziele).
- **Nach Wiedervereinigung standen viele offene Fragen im Raum.**

---

8 Online wiederzufinden unter http://www.gesetze-im-internet.de/einigvtr/ aufgerufen im März 2016

- *1. Welche Stadt wird die (neue) Hauptstadt?*

Bonn	Berlin
Stand für die bundesrepublikanische Fokussierung, Symbol des demokratischen Neubeginns und Föderalismus. Keine hohen Umzugskosten nötig.	Gleichgewicht zwischen Ost und West. Historische Hauptstadt, aber belastet vom Kaiser- und NS-Reich. Hat hohe Glaubwürdigkeit und wirtschaftliche Sogwirkung.

- *2. Was soll mit den Stasi Akten geschehen?*
- Joachim Gauck (Neues Forum) wollte Stasi-Archive für "politische und historische Aufarbeitung" öffnen.
- **3. Oktober 1990 Gauck übernimmt die bundesstaatliche „Gauck Behörde".**
- Engste Freunde und Verwandte als Inoffizielle Mitglieder enttarnt.
- Westdeutsche Politiker fürchteten Veröffentlichung der Daten über sie.
- Staat fürchtete Rachemorde, welche aber ausblieben.
- *3. Ende der wirtschaftlichen Talfahrt?*
- **Treuhandanstalt** war Verantwortlich für grundlegende Umgestaltung der DDR-Wirtschaft, Privatisierung des volkseigenem Vermögen, Herstellung der Wettbewerbsfähigkeit und Unterstützung der Strukturanpassung.
- Wegen der Währungsreform waren DDR-Produkte nicht mehr wettbewerbsfähig, Betriebe gingen pleite, da sie Löhne nicht in DM auszahlen konnten.
- Ungeklärte Rechts- und Eigentumsverhältnisse, 30% der DDR-Unternehmen sind nicht mehr sanierungsfähig.
  => Treuhand hinterlässt 204 Mrd. DM Schulden durch (Umwelt-)Sanierung und Entschuldung, musste 2,5 Millionen Arbeitsplätze aufgeben.
- **19./21. November 1990 NATO, Warschauer Pakt und KSZE beenden Kalten Krieg.**

- Merkmale der osteuropäischen Revolutionen 1989/1990 (232).

Pro Revolution	Contra Revolution
(1) radikaler Bruch mit Vergangenheit	(1) Gewaltlosigkeit
(2) bewusste und konsequente Orientierung an Menschenrechten und bürgerlich-liberalen Normen.	(2) Orientierung an westlicher Gesellschaft und Staatsmodell (keine utopisch-idealen Ziele).

- **Merkmale der osteuropäischen Revolutionen 1989 / 1990.**
  (1) Wirtschaftliche Ineffizienz und KSZE-Schlussakte entziehen Regierungen die Legitimation.
  (2) Persönlicher Mut und politische Moral treiben zum Protest, zeigt sich in Forderungen nach Presse- und Meinungsfreiheit.
  (3) Forderung nach Durchsetzung der Menschenrechte in toleranter, offener Gesellschaft, darum friedlich.
  (4) Politik „des neuen Denkens" entzog den kommunistischen Regimen sowjetische Unterstützung.
  (5) DDR wurde durch Nationalgefühl an Bundesrepublik angefacht zu protestieren.

Die Wende 1989
Unterteilung in 3 (bzw. 4) Phasen der geschichtlichen Entwicklung.

0. Phase: Vorgeschichte und Hintergründe.
- **Selbstverständnis der DDR.**

Proletariat muss restliche Gesellschaft zum Sozialismus erziehen und auf Kommunismus vorbereiten.
„Sozialistische Wahrheiten" müssen umgesetzt werden, darum Volksentscheide irrelevant.
→ Gewalteneinheit, Zentralismus, führende Rolle der SED.

Ursachen des Zerfalls der SED.	Katalysator des Zerfalls.	Auslöser des Zerfallsprozesses.
1. Reformpolitik des Ostblocks.	2. Mai 1989 Ungarn öffnet	7. Mai 1989 Kommunal-
2. Wirtschaftskrise.	die Grenzen, Eiserner Vorgang	wahlen werden gefälscht.
3. Systemkrise.	wird in Frage gestellt.	Proteste an jedem 7. des Monats.

- **Reformpolitik des Ostblocks.**
  Durch Perestroika und Glasnost wurden „sowjetische Bruderstaaten" zu Reformen bewegt, die Grenzen werden durchlässiger und viele DDR-Bürger erkennen die Möglichkeit zur Flucht.
- **Wirtschaftskrise.**
  Durch die Aufbesserung der Sozialpolitik **Anfang der 1970er** durch Honecker wurden enorme Kredite aufgenommen. Mit dem ersten „Ölpreisschock" **1973/74** und durch die leistungsschwache Planwirtschaft sah sich die DDR schnell der Zahlungsunfähigkeit entgegen. **1982** vermittelt die BRD einen Milliardenkredit.
- **Systemkrise.**
  Nachdem die UdSSR die KSZE-Schlussakte unterzeichnete, beriefen sich immer mehr DDR-Bürger auf die dort verankerten Rechte (vor allem Freizügigkeit und ungehinderte Reisemöglichkeiten). Oppositionsgruppen erstarkten, der Staat weitet den Sicherheitsapparat weiter aus. Demonstranten werden von Polizei gewaltsam auseinandergetrieben, willkürlich misshandelt und ohne anständiges Verfahren inhaftiert.

1. Phase: Zerfall der SED (bzw. Absetzung Honeckers).
- **4. Juni 1989 Massaker am Tian'anmen Platz in Peking.**
  Gewaltsames Auflösen einer Oppositionsbewegung. Modrow (Juni) und Krenz (September) fliegen nach China um Solidarität zu bekunden und Opposition in DDR abzuschrecken.
  → Opposition soll dezimiert werden, SED will DDR retten, obwohl deren Verfall offenkundig ist.
- **Demonstrationen.**
  An jedem 7. des Monats wurde wegen der manipulierten Wahlen demonstriert.
  Ab dem **4. September 1989** wurden regelmäßig die Montagsdemonstrationen abgehalten.
- **Ausreisewelle.**
  Anfangs ergreifen DDR-Urlauber die Möglichkeit sich über die geöffnete, aber immer noch bewachte ungarische Grenzen in den Westen abzusetzen. Im **Sommer 1989** werden westliche – vor allem westdeutsche – Botschaften in Prag, Warschau und Berlin von DDR-Bürgern besetzt. Am **11. September 1989** ist die ungarische Grenze ohne Überwachung passierbar, viele DDR-Bürger setzen sich ab.
  → Wegen 40. Jahrfeier der DDR dürfen Bürger in Botschaften ausreisen.
- **6./7. Oktober 1989 40 Jahrfeier der DDR.**
  Wegen hohen Staatsbesuchen wurde Volkspolizei und Stasi angehalten, alle Protestierenden auseinanderzutreiben, dabei gab es viel Gewalt und willkürliche Festnahmen. Honecker verschweigt in Rede die prekäre Situation der DDR, Demonstranten geben Ovationen zu Gunsten Gorbatschows von sich. Gorbatschow fordert Honecker zu geforderten Reformen auf, wodurch man die Macht des Warschauer Paktes aufrechterhalten kann. Demonstrationen verliefen friedlich, aber als sich Masse auflöst, beginnt die Polizei abseits der Medienpräsenz Gewalt anzuwenden.
- **14. Oktober 1989 Organisierung und Strukturierung der Opposition.**

Das „Neue Forum" berät über die Struktur der Partei und Diskutiert Haltung zur Ausreisewelle. Flugblätter werden Zeitungen genannt und sollen periodisch erscheinen. DDR-Regierung versucht krampfhaft die aussichtslose Situation zu retten. Modrow und Schabowski wollen Rücktritt Honeckers.

- **18. Oktober 1989 Rücktritt Honeckers.**
Mir Krankheit wurde Rücktritt begründet, jedoch war Reformunwilligkeit /-unfähigkeit der Grund.

2. Phase: Provisorische Übergangszeit (Regierung Krenz & Modrow).

- **18. Oktober 1989 Ernennung Krenz' zum Generalsekretär der SED.**
Wurde von Honecker empfohlen, jedoch nicht von allen in der Partei gewünscht. Galt im Volk als Hardliner, da er Massaker am Tian'anmen-Platz unterstützte. Sprach sich über Reformen und eine Wende aus, setzte aber trotzdem Gewalt gegen die Demonstranten ein.
- **24. Oktober 1989 Erhebung Krenz' zum Stadtratsvorsitzenden.**
Viele Menschen protestieren gegen den Hardliner, selbst die Partei beginnt sich zu Spalten. In Ost-Berlin beginnen Künstler, Bürgerrechtler und Oppositionelle Ideen zur Umgestaltung der DDR zu diskutieren. Verantwortung sollte übernommen, Vertrauen des Volkes zurückgewonnen werden und „dritter Weg" deutet sich an.
- **3. November 1989 TV- und Rundfunkansprache Krenz' über politische Reformen (M8).**
Krenz benutzt zum ersten Mal den Begriff „Wende". Bekundet sein Verständnis und Willen zur Veränderung / Verbesserung in politischer und gesellschaftlicher Hinsicht. Ausreise über Ungarn abgewertet, ruft Volk zum Bleiben auf oder Ausreise über DDR-Behörden.
→ Volk und Ausland halten nichts davon, übliche Phrasen.
⇒ Veränderungen treten langsam ein, aber nicht durch Regierung, sondern wegen Erstarkung der Opposition.
- **4. November 1989 Oppositionsbewegung erreicht ihren Höhepunkt.**
In Berlin demonstrieren 500.000 Menschen für Meinungs-, Presse- und Versammlungsfreiheit. Chinesische Lösung bleibt aus, da (1) junge Kräfte die Oberhand in SED gewinnen, (2) keine Unterstützung sowjetischer Truppen zu erwarten wäre und (3) da sich die Demonstranten friedlich verhalten haben.
- **Probleme der Bundesrepublik mit der Unterbringung, Versorgung und Verteilung der Flüchtlinge.**
Täglich kommen ca. 2.000 Flüchtlinge in die Bundesrepublik (vorzugsweise Bayern) und müssen untergebracht werden. Bundeswehr baut Zeltstädte auf, bürokratischer Aufwand sprengt alle Register, Bayern schafft es nicht alle Flüchtlinge zu verteilen. Die meisten Westdeutschen heißen DDR-Flüchtlinge willkommen, Unmut wächst aber.
- **8. November Die Lage wird aussichtsloser.**
Für die SED-Regierung: 100.000 Mitglieder der SED sind ausgetreten, Politbüro bleibt zwar erhalten, alter Parteikader sind jedoch ersetzt werden. Als Zeichen der Liberalisierung wird das „Neue Forum" als Partei anerkannt.
Für die DDR-Gesellschaft: Durch die Flüchtlingsbewegungen entstehen (verheerende) Personalengpässe (z.B. im Gesundheitswesen), welche nur provisorisch mit Volkspolizei und Armee behoben werden. Christa Wolf (Oppositionelle) darf im Fernsehen ihre Ansprache „Wir brauchen Sie!" halten.
In der Bundesrepublik: Kohl fordert die SED zum Verzicht der Monopolstellung und Demokratisierung auf. Im Bundestag werden Folgen einer ausblutenden DDR erörtert.
- **9. November 1989 Die Berliner Mauer fällt.**
In einer Pressekonferenz von Schabowski wird die Öffnung der Mauer verkündet. Kohl gibt sich zurückhaltend, Volk hält Äußerung nur für eine hohle Phrase. Am Abend gelangen erste

16

DDR-Bürger in den Westen, Bundestag endet Sitzung mit Singen der Nationalhymne.
- **10. November 1989 Zerfall der SED.**
100 DM Begrüßungsgeld verteilt worden, öffentliche Verkehrsmittel fahren länger und kostenlos. Amerika steht Mauerfall kritisch gegenüber.

3. Phase: Streben nach Wiedervereinigung (Westdeutsche Initiative für die Wiedervereinigung).
- **13. November 1989 Hans Modrow als Ministerpräsident der DDR „gewählt".**
- **17. November 1989 Modrows Idee einer Vertragsgemeinschaft (M13).**
Erkennt den Reformwillen des Volkes an, will sich an Westen annähern. Bietet in einer Vertragsgemeinschaft „deutsche Koexistenz" und Intensivierung des wirtschaftlichen und kulturellen Austausches an. Ist stur gegen eine Wiedervereinigung, aber für den „Sonderweg" der DDR.
- **28. November 1989 Kohls „Zehn-Punkte – Plan" (M14).**
Ziel war letztlich die Wiedervereinigung in 5-10 Jahren. Einzelne Schritte sollten eingeleitet werden (zuerst Sofortmaßnahmen, dann langfristige politische und gesellschaftliche Sanierung), die von allein zur Wiedervereinigung führen sollten.
Reaktionen des Auslands: (1) <u>UdSSR</u> geht Plan zu weit, fürchtet Machtverlust (2) <u>Amerika</u> unterstützt und fördert Wiedervereinigungsprozess wegen Machtausbau und aus Furcht vor Annäherung an UdSSR (3) <u>Frankreich</u> fürchtet Machtgleichgewicht und wirtschaftliche Konkurrenz. Am 21. Dezember kündigt Mitterrand an, sich nicht in Wiedervereinigungsprozess einzumischen, aber fordert auch zur Erhaltung der Demokratie und des Selbstbestimmungsrechts der Völker. (4) <u>England</u> fürchtet um „balance of power" (5) <u>DDR</u>-Bürger fürchten Einverleibung der DDR (6) Polen fürchtet um etwaige Gebietsansprüche.
- **Kohl Politik der Beschwichtigung.**
(1) „Neues Deutschland" wird in NATO und EG eingebunden (2) übernimmt den Euro und stellt so nationale Interessen in den Schatten (3) Lebensmittellieferungen und finanzielle Entlastung für sowjetisches Volk.
- **Die Situation für die SED.**
Am **1. Dezember** wird das Machtmonopol der SED in der Verfassung gestrichen, die Partei aber behalten. Das ZK und Politbüro treten geschlossen zurück, da die Zukunft der Partei gefährdet ist. Am **6. Dezember** tritt Krenz zurück, am **9. Dezember** übernimmt Gysi den Vorsitz der Partei, welcher das ZK und Politbüro abschafft. Die SED benennt sich provisorisch in SED/PDS (ab dem 14. Februar 1990 nur noch PDS), kehrt vom Stalinismus ab und nähert sich den Reformprozessen an.
- **Die „runden Tische" und der zentrale „runde Tisch" als Nebenregierung.**
Modrow erkennt die wachsende Zahl an „runden Tischen" auf kommunaler, städtischer und Bezirksebene. Zentraler „runder Tisch" bringt Opposition und alte Parteien an einen Tisch und wird mit Gesetzgebung betraut. Initiiert Übergang zur Demokratie (freie Wahlen, neue Verfassung, Auflösung des MfS), obwohl sie keinerlei demokratische Legitimation behielten.
- **19. Dezember 1989 „Schlüsselerlebnis" Kohls in Wiedervereinigung.**
Kohl erkennt die wahren Absichten Modrows: (1) Geldgier, (2) stures Verharren auf „dritten Weg" und (3) Zögerlichkeit bei Reformprozessen. Bei seinem Besuch der DDR empfangen ihn viele Deutsche euphorisch und bekunden Einheitswillen. Seitdem stützt sich Kohl auf das Volk, nicht mehr auf Modrow.
- **Einheitswille im Volk.**
Umfragen zeigten, dass ¾ der DDR gegen eine schnelle Wiedervereinigung war. Begrüßungsgelder, Kontakt des westlichen Lebensstils und Unregierbarkeit der DDR lassen Wiedervereinigungsbewegung neben Bürgerrechtsbewegung aufkommen und erstarken. Bereits

am **9. Dezember** wird eine DDR-interne Demonstration gegen die Einverleibung stark kritisiert. Jedoch bilden sich in der Bundesrepublik auch schon kleinere Gruppen gegen die Wiedervereinigung (SPD und Grüne wollen DDR nicht mit West-Werten überrollen).

- **18. März 1990 Erste, freie Volkskammerwahlen der DDR.**
Wahlkampf war von Ungerechtigkeiten geprägt, da konservative Parteien und PDS ihren Wahlkampf mit SED-Mitteln finanzieren konnten, Westdeutsche Parteien unterstützten ihre Tochterparteien oder „gewendete" Blockparteien und kleinere Parteien hatten kaum eine Chance. Durch die Wahl wurde Wille zur Einheit bekundet, da **Allianz für Deutschland** (CDU, Demokratischer Aufbruch, DSU (deutsche soziale Union)) mit 48% gewinnt.
- **Möglichkeiten der nationalen Einheit.**
Da die PDS nicht ausreichend Stimmen erhielt, verfiel die Möglichkeit auf eine „deutsche Koexistenz" oder einen „deutschen Bund". Die SPD forderte eine Wiedervereinigung gemäß **Artikel 146 GG**, sodass das deutsche Volk gemeinsam über eine neue Verfassung abstimmt. Die Allianz für Deutschland bekräftigte den Willen **Artikel 23 GG** umzusetzen, welcher die Ausweitung des Grundgesetzes auf DDR-Gebiet vorsieht.
- **Der „Zwei-plusVier – Vertrag".**
Nach dem Mauerfall und Kohls Zehn-Punkte – Plan stellt sich die Frage, wer denn für die deutsche Einheit zuständig sei. Nicht nur wegen der Vergangenheit (**Potsdamer Konferenz, Außenministerrat**) sondern auch wegen rechtlicher Verpflichtungen wurden die vier Siegermächte zu den Gesprächen hinzugezogen. Am **13. Februar** wird das „Zwei-plus-Vier – Konzept" beschlossen, am **17. Juli** um polnische Vertreter erweitert (trotz des noch gültigen „Warschauer Vertrages" vom **7. Dezember 1970**). Der ausgearbeitete Vertrag wird am **12. September** veröffentlicht und unterzeichnet, er bildet den langersehnten Friedensvertrag zwischen den Siegermächten und Deutschland. Er regelt die deutschen Staatsgrenzen (**Art.1**), die Bundeswehrkapazität (**Art.3**) sowie den Abzug sowjetischer Truppen (**Art.4+5**) und die vollständige Souveränität Deutschlands (**Art. 7**).

Situation während der Wende

Die Regierung:
- Verspricht **Reformen**, werden aber nie durchgeführt.
  - o Ausreisereformen, Dialogversprechen, Liberalisierung / Wende.
  - → Vertrauen in Regierung ist verschwunden.
- **Honecker** setzte auf massive Repression und ignorierte die Wahrheiten (Demonstrationen, Pleite).
  - → Grund für seinen erzwungenen „Rücktritt".
- Unterstützt **„chinesische Lösung"**.
  - → Einschüchterung der Demonstranten.
- Lässt Demonstranten beobachten, sozial isolieren und **wendet Gewalt an** um Demonstrationen zu unterbinden.
  - → Große Willkür und abschreckende Bestrafungen.
- **SED verliert** nach Rücktritt Honeckers zunehmend **an Macht**, kann keine Veränderungen mehr hervorbringen.
- **Krenz** galt als Hardliner, hat Reformen versprochen und Verständnis gezeigt, aber keine umgesetzt.
  - → Typische SED-Marionette.
- **Modrow** war (weitesgehend) reformfreudig, liberalisierte und demokratisierte das Land, war aber vehement gegen eine Wiedervereinigung.
  - → Kohl hat ihn übergangen, da er Willen des Volkes nicht widerspiegelte.
- Anfängliche **Reformunwilligkeit** Honeckers führt zur **Reformunfähigkeit** Modrows.

→ Infrastruktur zerfallen, Staatsverschuldung zu hoch, Industrie miserabel.

Das Volk:
- **Ausreisewelle** setzt ein, Volk hält es in DDR nicht länger aus, besetzt Botschaften und flieht.
  → DDR blutet aus, personelle Engpässe legen Infrastruktur lahm.
- **Bürgerrechtsbewegung** fordert Reformen und wichtige Veränderungen für den Erhalt der DDR.
  → „Sonderweg" zwischen Kapitalismus und „real-existierendem" Kommunismus.
- **Wiedervereinigungsbewegung** fordert eine (baldige) Wiedervereinigung um das alltägliche Leben zu stabilisieren und nach westlichen Werten und Lebensverhältnissen leben zu können.
  → Erstarkt zunehmend nach dem Mauerfall durch Westbesuche.
- Bürgerrechtsbewegung „**Neues Forum**" sticht heraus, erstarkt und wird später eine eigene Partei.
  → Setzt sich für eine neue Verfassung, neues Wahlgesetz und Abschaffung des MfS ein.
- Organisiert sich nach Mauerfall in „**runden Tischen**" nach polnischem Vorbild in Städten, Kommunen und Bezirken. Zentraler „runder Tisch" wird mit Gesetzgebung vertraut.
  → Besitzen keine demokratische Legitimation, haben Dialog vorangebracht, verloren wegen ausbleibenden Reformen und Wunsch nach Wiedervereinigung im Volk an Bedeutung.

Die Bundesrepublik:
- Kohl ruft zur **Besonnenheit** auf, tätigt keine unüberlegten Schritte.
- Kämpft mit massiven **Flüchtlingszahlen** und deren Unterbringung bzw. Versorgung.
  → DDR-Bürger konnten schnell und einfach deutsche Staatsbürgerschaft erlangen und Sozialsystem benutzen.
- Kohls **10-Punkte Plan** soll auf Wiedervereinigung vorbereiten.
  → Grüne und SPD wollen DDR nicht mit westlichem Lebensstil überwältigen.
- Kohl versucht Ängste des Auslands durch **Politik der Beschwichtigung** zu mildern.
  → Hilfszahlungen an UdSSR und Annäherung an USA zeigen Erfolge.

Das Ausland:
- **Amerika** fürchtete sich beim Mauerfall vor einer Eskalation im Kalten Krieg, nach dem 10-Punkte-Plan intensivierte es die Wiedervereinigung um eine Annäherung an die UdSSR zu unterbinden.
  → Abrüstungsangebote schürten die Opposition in der KPdSU.
- Die **UdSSR** stand dem Mauerfall wohlwollend gegenüber und freute sich über die „Grenzverschiebung", aber nach dem 10-Punkte-Plan betont es Wichtigkeit der DDR.
  → 500.000 sowjetische Soldaten in UdSSR, Eskalation wäre fatal gewesen.
- **Frankreich** stand einer Wiedervereinigung wohlwollend gegenüber bis die Mauer fiel, danach fürchtete man die Rückkehr zu **1913** und die wirtschaftliche Konkurrenz.
- Traditionell machte sich **England** Sorgen um die „balance of power" in Europa.